Y

Yh33

COLLECTION DE VINGT ESTAMPES

REPRÉSENTANT DES SUJETS

DE

LA MESSIADE,

POËME ÉPIQUE

DE KLOPSTOCK,

Gravées par M. John, artiste à Vienne, d'après les célèbres Dessins de Füger,
Directeur de l'Académie des Beaux-Arts de S. M. l'Empereur d'Autriche,

POUR LA TRADUCTION HOLLANDOISE DU POËME;

Par M. J. DE MEERMAN, Comte de l'Empire et Sénateur.

ON Y A JOINT

UNE DESCRIPTION TIRÉE EN PARTIE DES PASSAGES MÊMES DE LA MESSIADE,
QUI ONT FOURNI LES SUJETS DES GRAVURES.

A PARIS,

Chez TREUTTEL ET WÜRTZ, rue de Lille, n° 17.

DE L'IMPRIMERIE DE CRAPELET.

1813.

Les dessins d'après lesquels ces gravures ont été exécutées, à l'exception du premier et du dernier, sont de M. Füger, directeur de l'Académie des Beaux-Arts à Vienne. On l'avoit invité d'en composer vingt, pour les vingt chants du Messie, poëme immortel de Klopstock, dont Gôschen, libraire à Leipzig, préparoit une nouvelle et magnifique édition. Il se prêta volontiers à ce désir; mais il eut ensuite le désagrément de n'en voir insérer que quatre dans cet ouvrage. Le comte Fries acheta la collection complète des dessins, et voulut bien me permettre que M. John, artiste également établi à Vienne, et le même qui avoit déjà travaillé pour l'édition de Gôschen, les gravât tous pour ma traduction hollandoise du Messie. Il s'en est occupé pendant environ six ans; et ces Estampes, à mesure qu'il en sortit deux ou trois de son burin, ont été successivement publiées et vendues en Hollande. En les réunissant aujourd'hui avec un titre général à la tête, j'ai cru nécessaire d'y ajouter une courte description, mêlée de quelques lignes du poëme, relatives à chaque Estampe.

I.

LE MESSIE JURE QU'IL ACCOMPLIRA LA DÉLIVRANCE
DU GENRE HUMAIN.

Dans cette Estampe, pour plus d'une raison, on s'est écarté de la composition de M. Füger; mais l'auteur de ce dessin n'en a pas moins tâché de conserver ce qu'il y avoit de majestueux et de sublime dans la tête ainsi que dans le port du Sauveur. La scène se passe sur la montagne des Oliviers, dans la nuit qui précède celle des souffrances de Jésus. Voici les dernières lignes de la belle prière qui fut suivie de son serment : « Dieu seul pouvoit désarmer le bras ven-
» geur de Dieu. Élève-toi, Juge de l'univers ; me voici ! ôte-moi la vie, et
» accepte, pour te réconcilier avec le monde, le sacrifice à jamais efficace de
» mon sang. Je suis libre encore ; je n'ai encore qu'à t'adresser ma prière, et le
» ciel va s'ouvrir avec des millions de séraphins ; ils vont me reconduire, ô mon
» Père ! en triomphe et au milieu de leurs acclamations vers ton trône auguste.
» Mais j'ai résolu de souffrir, ce qu'aucun de ces séraphins ne comprend, ce
» qu'aucun chérubin n'entrevoit dans ses plus profondes méditations. J'ai résolu
» de souffrir, de souffrir, moi l'Éternel ! le plus affreux des supplices » !

De Messias bezweert de Verlossing van het Menschdom.

Klopstocks Messias I.Z.

Satan besluit tot het dooden van den Messias.

Klopstocks Messias II. Z.

II.

SATAN COMMUNIQUE A L'ENFER SON DESSEIN

DE FAIRE PÉRIR LE MESSIE.

Après avoir parcouru notre globe, et avoir observé ce qui se passoit en Judée, le roi des enfers retourne dans son empire, rassemble ses sujets devant son trône, et leur fait part de ses observations et du projet qu'il vient de former. Adramélech, qui le surpasse encore en perversité et en dissimulation, et qui le hait de toute la force de son âme, est assis à sa gauche. Il applaudit au discours de Satan, et l'excite à venger, à communs efforts, la Géhenne, du nouveau tort qu'elle vient de recevoir, espérant de se rendre, par les exploits qu'il exécutera, plus digne de la couronne des enfers, que son rival. Les autres princes des démons et le peuple approuvent, comme lui, le plan qui vient de leur être communiqué : un seul s'y oppose ; c'est le malheureux Abbadona, qui se tient devant son roi. Ce démon, dont l'histoire forme un des plus beaux et des plus touchants ornements du poëme, a presque été entraîné malgré lui dans la rebellion des anges, et ne cesse, depuis l'époque de sa chûte, de déplorer le crime dont il s'est rendu coupable, et la perte du ciel, qui en a été la punition. « Je parlerai, dit-il, je » parlerai, afin que le terrible jugement de Dieu ne s'appesantisse pas aussi sur » ma tête, ô Satan ! comme il s'est appesanti sur la tienne. Oui, Satan, je te hais ; » être terrible, je te hais : c'est moi, c'est moi, c'est cet esprit éternel que tu as » enlevé au Créateur. Ah ! que ton Juge te le redemande pendant toute l'éternité ! » Que tous ceux que tu as séduits appellent sur toi, des fentes de cet abîme, de » l'épaisseur de cette nuit, un malheur sans fin ! Qu'ils l'appellent avec le bruit » du tonnerre, avec le mugissement des vagues de la mer Morte ! Je n'ai point » de part au pêcheur éternel ; blasphémateur ! je n'ai aucune part à ton projet » infernal de faire périr Dieu le Messie ! Ah, rebelle ! contre qui as-tu élevé la » voix ? N'est-ce pas contre celui (tu l'avoues toi-même, quoique tu tâches de » déguiser ton trouble), contre celui qui te paroît si terrible, et qui est plus » puissant que toi. Non, si l'Éternel daigne envoyer aux hommes la délivrance » du péché et de la mort, tu ne l'empêcheras jamais. Et tu voudrois anéantir le » corps du Messie ! Satan, ne le connois-tu donc plus ? La foudre du Tout- » Puissant ne t'a-t-elle donc pas imprimé une marque assez ignominieuse sur ce » front altier ? Nous, dont la séduction porta la mort au genre humain, (malheur » à moi ! malheur à moi ! j'ai partagé ce crime !) nous nous éleverions avec fureur » contre celui qui vient les délivrer ! nous deviendrions les meurtriers du Fils, » qui tient le tonnerre dans ses mains ! nous, anciennement des esprits d'une si » haute perfection, nous nous fermerions à jamais l'accès à une délivrance qui » pourroit nous être destinée, du moins à un adoucissement de peine ! Satan,

» autant il est sûr que nous sentons plus vivement notre douleur quand tu
» nommes ce séjour de nuit et de triste condamnation un domicile royal, autant
» aussi est-il hors de doute que tu ne retourneras de Dieu et de son médiateur
» que couvert de honte; oui, de honte, au lieu des honneurs du triomphe.

» Satan écoute le terrible avec une rage à chaque instant croissante, avec
» impatience et menace : déjà a-t-il voulu lancer contre lui, du haut de son
» trône, un des rochers qui s'y entassent; mais, par l'ardeur même de sa colère,
» son effroyable main retombe en frémissant. Il frappe la terre de ses pieds; il
» tremble; trois fois il tremble de fureur; trois fois il fixe, en démence, Abba-
» dona, et se tait. Son œil s'obscurcit de colère, mais n'a pas assez de force pour
» le mépris. Abbadona reste devant le trône sans s'irriter, mais avec un front
» sérieux, rempli de courage, et avec des traits de tristesse ».

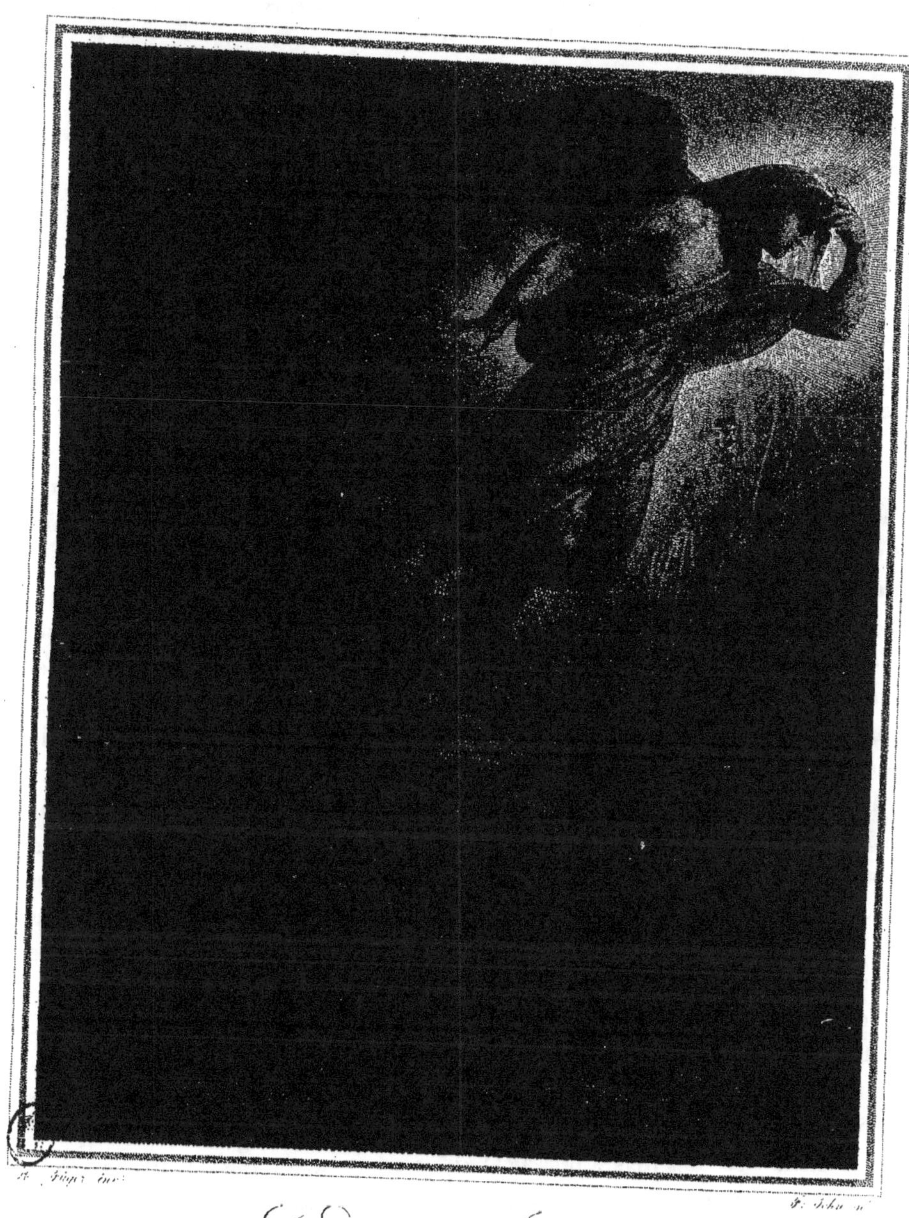

De Droom van Judas.

Klopstocks Messias III.Z.

III.

LE SONGE DE JUDAS.

JUDAS s'est endormi au pied de la montagne des Oliviers. Son âme nourrissoit des semences de haine contre Jésus, et de jalousie des autres compagnons du Sauveur. Satan en profite, se penche sur lui pendant son sommeil, et lui envoie un songe effrayant. Dans ce songe, l'ombre de son père lui apparoît, trace, du pinceau le plus noir, à son imagination, les torts de Jésus envers lui, et la préférence qu'il accorde à ses co-disciples; il finit par lui donner le conseil perfide de le livrer dans les mains de ses ennemis, pour forcer son maître de ne plus différer l'établissement de son règne, afin que Judas en ait au moins une part quelconque avant sa disgrace totale. « Viens, dit-il à son fils, je te montrerai leur
» empire futur dans toute sa magnificence. Observes-tu bien là, devant nos yeux,
» cette chaîne de montagnes d'une étendue immense, qui jette des ombres
» alongées dans le vallon fertile? On y creuse, comme au resplendissant Ophir,
» un or dont les veines ne tarissent jamais; une terre inépuisablement riche y
» découle d'une bénédiction abondante, pendant une longue suite d'années
» heureuses. C'est à Jean, son disciple élu, qu'est destiné un domaine si digne
» d'envie. Ces côteaux qui se présentent plus loin, chargés de ceps touffus et
» ombrageux; ces champs que, de quelque part que tu portes la vue, couvrent
» de longs flots d'épis, ce sont là les dons que Pierre, ce disciple chéri, reçut de
» son Messie. Vois-tu toute l'excellence du pays? Observes-tu comment ici les
» villes se dispersent par la vallée, égales à Jérusalem, la fille des rois, resplen-
» dissantes des rayons du soleil, élevées en gloire et peuplées à l'infini? Comment,
» pour abreuver ces villes, se forment de nouveaux Jourdains, et arrosent les
» voûtes courbées des murs dont elles s'entourent à une hauteur prodigieuse? Des
» jardins, semblables au riche Éden, sont chargés d'arbres, dont l'ombre couvre
» le sable mêlé d'or de leurs rives. Ce sont là les royaumes des disciples. Mais,
» remarques-tu bien, mon Iscariot, à une distance éloignée, ce pays peu étendu
» et montagneux? il se présente à tes yeux dévasté, pierreux, désert, inhabité,
» n'offrant que par intervalles des broussailles desséchées : un ciel sombre, des
» nuages froids et humides le couvrent; en bas, dans ses stériles profondeurs,
» gît la glace avec des neiges boréales; des oiseaux nocturnes, condamnés à la
» solitude, aux accents lugubres et à ta société, y errent par des forêts qu'a fendues
» la foudre. Voilà, voilà ton héritage! Comment, ô le plus méprisé des disciples!
» tes onze compagnons vont-ils bientôt te passer avec orgueil, et le triomphe
» dans les yeux, ne t'observant qu'à peine, toi, qui ramperas dans la pous-
» sière » ?

On découvrira sans difficulté tout l'art que le peintre a si heureusement su mettre dans la composition des deux figures principales. L'ange qui s'envole, en réfléchissant une lumière pâle, est Ithuriel, le gardien de Judas, du secours duquel celui-ci avoit si peu profité.

Raadpleeging der Overpriesters over den Messias.

Klopstocks Messias IV. Z.

IV.

LES GRANDS SACRIFICATEURS DÉLIBÈRENT

SUR LA MORT DU MESSIE.

Celui qui se tient debout au milieu de l'assemblée, la main levée au ciel, est Gamaliel, qui, dans un discours éloquent, comme l'est en général toute cette délibération, prend fortement le parti du Messie. Caïphe, auquel il adresse la parole, se lève furieux de son siége pontifical, après avoir entendu cette apologie; entre eux deux se présente Philo, plus terrible encore que Caïphe dans sa haine contre Jésus. Nicodème est assis à la gauche de Gamaliel, et observe avec attention les mouvements des prêtres, et l'effet que le discours qui se prononce produit sur l'esprit de ses collègues. Ithuriel et Satan assistent, quoique invisibles, à l'assemblée. Après avoir soutenu que les prêtres ne doivent pas anticiper sur le jugement de Dieu dans une cause d'un si haut intérêt, assuré comme il l'étoit que le Tout-Puissant la décideroit bientôt lui-même, l'orateur y ajoute : « Si l'Éternel ordonne
» à la foudre : écrase-le; à l'ouragan : souffle ses os chancelants, comme de la
» poussière, vers les quatre coins du globe; ou bien au glaive étincelant : va, arme
» des mains vengeresses, abreuve-toi du sang du pécheur; s'il commande aux
» abîmes de la terre : ouvrez-vous pour l'engloutir; ah ! sans doute alors il est le
» fanatique coupable. S'il continue au contraire, par des miracles célestes, de se
» rendre la bénédiction de sa patrie; si par son secours l'aveugle, rempli de
» joie, lève de nouveau la vue vers le soleil, et regarde délicieusement et avec
» un œil qui n'est plus troublé, le Père qui le conduit (pardonnez-moi si,
» enflammé par la grandeur de ses actions, je parle peut-être de lui avec plus
» d'élévation que vous ne le désirez); si l'oreille du sourd s'ouvre de nouveau à la
» voix humaine et entend de nouveau la voix du prêtre bénissant, ou les accents
» de l'épouse et de la mère en pleurs, et les chœurs que la fête a rassemblés dans
» le temple, et le chant des Halleluyas; si les morts marchent, par son pouvoir,
» de nouveau devant nous, et deviennent eux-mêmes des témoins de notre
» endurcissement; ah ! s'ils lèvent leurs yeux, de nouveau remplis de vie, et
» mouillés de larmes, vers le ciel; s'ils nous regardent ensuite avec une sainte
» indignation, nous montrent leurs tombeaux, et nous menacent de ce tribunal
» devant lequel ils ont déjà été appelés; s'il continue, ce qui est bien plus divin
» encore, à vivre irréprochablement au milieu de nous; si, avec une piété
» irrésistible, il fait des miracles et agit comme Dieu; ah! pères du peuple, je
» vous conjure, par le Dieu vivant, de me répondre : est-ce alors que nous le
» condamnerons » ?

V.

LE MESSIE DANS LE JARDIN DE GETHSÉMANÉ.

Cette Estampe n'a besoin d'explication que par rapport à la figure qui est placée dans un certain éloignement. C'est encore l'infortuné Abbadona qui avoit cherché Jésus partout sur la terre, après s'être dit : « Il est vrai que je suis » indigne de regarder le meilleur des hommes; mais Satan lui-même ne l'a-t-il » pas vu » ? Il le découvre enfin, mais au milieu de son agonie; et quoiqu'il observe que Gabriel se tient à côté du Sauveur, et que tous les anges fixent sur lui des regards d'adoration, il ne le reconnoît cependant qu'après lui avoir trouvé tout à coup une ressemblance frappante avec ce Fils éternel, qui, porté sur les ailes du char flamboyant, poursuivit les anges rebelles jusqu'à l'extrémité du ciel, et les plongea dans l'abîme. « Mais, dit-il, ce Fils de Jéhovah, ce Messie » promis, ce Juge, souffre à présent; il lutte avec la mort! lui, qui se tenoit sur » le char flamboyant, lutte avec la mort! Sans mesure est l'angoisse qui attaque » avec fureur son âme immortelle! il gémit dans la poussière! de ses veines » gonflées découle un sang agonisant! Moi, moi, qui descendis par tous les » degrés du malheur et du désespoir, je ne connois point de noms pour peindre » cette terreur d'âme qui l'opprime; je ne connois point de sentiment capable » de me faire sentir avec lui cette mort continuelle ». Il se rappelle ensuite d'avoir entendu parler dans les cieux d'un pareil mystère, et que le Fils de Dieu souffriroit un jour pour les mortels. « Ah! s'écrie-t-il dans sa douleur, tu es devenu » le Messie des hommes, et non pas celui des esprits célestes. Si tu eusses daigné » te faire un séraphin, et que je t'eusse vu couché ainsi, étendu ainsi sur les champs » célestes, comme je te vois aujourd'hui couché sur cette poussière; si tu te fusses » présenté au jugement, au jugement du Père éternel pour l'amour de nous; si tu » eusses levé ainsi les mains jointes vers Dieu et tes regards vers le trône : ô comme » alors je n'aurois cessé de t'environner de toute part! comme je t'aurois béni, » Homme divin, par les chants de Halleluya, et avec la voix des joueurs de » harpe! Mais puisque vous l'êtes à présent, tendres favoris de Dieu, enfants » d'Adam, pour lesquels il souffre, que la malédiction, avec des flammes éter- » nelles, pèse sur chaque tête dont les idées sont assez viles pour méconnoître le » Fils, et sur chaque cœur qui, indigne de lui, profane la piété! O vous, toutes les » générations sauvées qui suivrez un jour, si vous déshonorez le sang qui coule » de cette face, qu'il soit répandu pour votre mort, pour votre mort éternelle! » —Je m'arracherois alors des bras de fer de l'abîme, je marcherois vers le trône » du Juge, et je m'écrierois de la voix du tonnerre, afin que tous les globes à » l'entour et tous les cieux pussent l'entendre : Je suis si éternel que lui! qu'ai-je

De Messias in den Hof van Gethsemane.

Klopstocks Messias V. Z.

» fait que tu n'aies racheté que lui, que le pécheur en forme humaine, et non
» pas l'ange ? Quoique l'enfer te haïsse, ô Jéhovah ! il reste un seul abandonné,
» un seul qui pense avec plus d'élévation et ne te hait pas, un seul qui répand
» devant toi, ô mon Dieu ! des larmes de sang, et les plaintes d'une misère
» inconnue, hélas ! depuis si long-temps sans fruit ; qui est rassasié de sa création,
» et fatigué d'une immortalité terrible » !

VI.

LE MESSIE SE REND PRISONNIER AUX TROUPES.

On a choisi, dans cette Estampe, le moment où la plus grande partie des satellites de Caïphe s'étoit déjà relevée, après que le premier coup-d'œil de Jésus les eut renversés par terre. Ce même coup-d'œil fait encore, sur le traître Judas, l'effet le plus visible. « Il lui avoit donné, dit le poète, le terrible baiser; et la » plus noire des actions rampa comme une ombre vers l'enfer ». Voici, au reste, le récit de cette saisie du Sauveur, comme il se fait successivement dans l'assemblée des prêtres, où on attendoit l'issue de l'événement avec la plus grande anxiété, ne concevant pas pourquoi l'on tardoit tant d'en être informé : « Ils » s'entretenoient ainsi; enfin, un messager arrive; ses cheveux sont hérissés, » son visage a pâli; une sueur de mort découle de son front; il se tord les » mains tremblantes. Grand sacrificateur! s'écrie-t-il, nous y parvînmes, et le » trouvâmes enfin au-delà du ruisseau, et peu éloigné des sépulcres. Ce n'étoit » pas l'horreur des tombeaux qui nous fit tressaillir; non, de plus sombres » nuages que jamais encore l'œil humain n'en a distingué, descendoient de toute » part du ciel sur notre tête. Les hommes que vous envoyâtes poursuivirent » cependant leur chemin. Je me tins à une distance, mais je n'en vis pas moins » le Prophète. Alors, je ne sais comment cela se fit, mais un épouvantement se » saisit de toute mon existence. Eux ne le reconnurent pas, quoiqu'il se trouvât » tout près, et s'emparèrent des personnes qui l'entouroient. Le Prophète leur » demande d'une voix puissante : Qui cherchez-vous? Ils ne craignent rien, et » crient avec fureur : Jésus le Nazarien! Alors il répondit, je l'entends encore, » je sens encore tous mes os se dissoudre; il nous répondit d'un ton foudroyant : » C'est moi! Il le dit, et dans un instant ils tombent tous prosternés sur le visage. » Les voilà étendus et morts. Moi seul ai échappé au coup, pour vous en porter » l'annonce mortelle ».

L'assemblée est terrassée par ce récit. Philo seul feint de n'y pas croire, et accuse le messager de pusillanimité; mais tandis qu'il parle, un second messager se présente : « Nous avons beaucoup souffert, nous sommes tombés sur la terre » devant lui, car son œil étoit terrible; et sa voix, lorsqu'il la fit entendre, étoit » la mort. Nous vous l'amenons cependant lié : lui-même nous tendit ses mains. » Ce n'est qu'en tremblant qu'on le conduit, car on ignore si l'on ne l'entendra » pas prononcer de nouveau des paroles d'effroi. Il marche néanmoins avec » tranquillité et soumission, et il se trouve déjà dans les murs de Jérusalem ».

Le messager le raconte, et un troisième survient. « Dieu bénisse, dit celui-ci, les » pères du peuple; mais ainsi doivent périr tous ceux qui s'élèvent contre vous !

Het gevangen neemen van den Messias.

Klopstocks Messias VI. Z.

» Tous les ennemis de Dieu doivent être écrasés comme ce Galiléen; car nous
» vous l'amenons lié de liens que des paroles et une bouche sémillante ne
» dissoudront point. Tous les siens l'ont abandonné; il s'approche du palais. Que
» Dieu vous accorde son sang » !

VII.

LE CHOIX ENTRE CHRIST ET BARRABAS.

Jésus, de retour du tribunal de Hérode, est exposé de nouveau, par Pilate, aux regards du peuple, dont des troupes immenses s'étoient rassemblées devant son prétoire. Tandis que le furieux Philo, qu'on découvre aisément au bas de l'Estampe, les excite à demander à grands cris la mort du Messie, le gouverneur leur fait amener un brigand atroce, se flattant, que puisqu'ils pouvoient obtenir annuellement, selon leur choix, la grâce d'un coupable, ils n'hésiteroient pas, en comparant les deux sujets, de le faire tomber cette fois-ci sur le Nazarien. « Les yeux étincelants de Barrabas erroient obliquement tout à l'entour; il » retenoit son haleine reniflante; ce n'étoit pas le repentir, mais la fureur, qui » lui courboit le cou revêche. Ainsi se tenoit-il penché devant le peuple, et » avaloit l'écume de sa rage. De ses bras nerveux résonne la chaîne : Pilate le » place à la main droite du Sauveur. L'assassin observe l'homme aux vêtements » blancs à côté de lui; c'étoit celui-là ou lui-même qui devoit mourir. Le doute » le pénétra d'un feu perçant, et visiblement son cœur battoit et élevoit sa poi- » trine ». Pilate alors propose le choix aux Juifs; et en même temps son épouse le fait avertir, par une esclave, de se garder de répandre le sang du Juste, parce qu'un songe, dont il étoit l'objet, l'avoit beaucoup fait souffrir dans les dernières heures de la nuit.

Le peuple délibère un instant; mais Philo les enflamme de nouveau : « Ce » Jésus (afin que de mille forfaits je ne vous en rappelle qu'un seul), ce cruel » ne l'ignore pas, que, quand il aura entièrement rempli la mesure de ses » rebellions, les Romains viendront et détruiront tout. Quand il parloit du » siége, de la ville qui tombe en poudre, de la ruine du Temple, alors des » milliers d'auditeurs l'environnèrent. Tel fut votre aveuglement, que vous » allâtes jusqu'à l'admirer. Lui, cependant, n'avoit aucune compassion de vous; » il voit les maux de Jérusalem, il le sait, que lui seul est la cause de l'angoisse » qui approche, et il n'en continue pas moins à poursuivre sa route; il voit le » Temple en flammes se précipiter de la cime de Morija pour ne plus jamais se » relever; les autels du sacrifice de propitiation se baisser; il voit pleurer la » superbe Jérusalem; hélas! la reine des villes vêtue de cendres et privée de ses » enfants! il voit tout, et n'a aucune compassion de vous » !

Animé par ce discours, le peuple demande en furieux la liberté pour Bar- rabas, et le supplice de la croix pour Jésus, en y ajoutant ces paroles suicides : *Que son sang vienne sur nous et sur nos enfants!* L'enfant, que le dessinateur de l'Estampe fait tenir en l'air par son père, et qui crie avec lui : *Crucifie!*

De keuze tusschen Christus en Barabbas.

Klopstocks Messias VII. Z.

crucifie ! n'y est donc pas placé sans motif. « Barrabas, continue le poète,
» lorsqu'il n'entend plus autour de soi le bruit des fers, et qu'il se sent libre,
» se secoue, rugit avec une joie féroce, s'arrête, dédaigne de parler, court,
» puis s'arrête encore. Le peuple effrayé recule en tremblant partout où il
» approche. C'est ainsi qu'un criminel enragé s'effraye encore avant d'avoir
» accompli son crime » !

———————

VIII.

PÈRE, PARDONNE-LEUR,

CAR ILS NE SAVENT CE QU'ILS FONT.

JÉSUS-CHRIST vient d'être attaché à la croix et de prononcer ces belles paroles. Eloa, le premier et le plus grand des séraphins, qui a été témoin du supplice, s'élève de la terre, vole vers les cieux, et s'écrie (ainsi retentit une étoile dans la célérité de sa course circulaire) : « Son sang coule » ! puis se précipite dans la profondeur de l'abîme, et s'écrie encore : « Son sang coule » ! et remonte ensuite vers la terre. La croix est entourée par le centenier romain et d'autres spectateurs, que des sentiments d'une nature très-différente y ont conduits. Saint-Jean, la mère du Sauveur et la Madeleine, plongés dans la plus amère tristesse, se trouvent placés en face de Jésus. Deux anges de la mort attendent, en adorant et en tremblant, l'ordre de terminer la vie du Sauveur. D'autres habitants célestes se trouvent aussi présents à cette scène. Du côté opposé les nuages portent les âmes des pères de l'ancienne alliance, à la tête desquels se distinguent nos premiers parents. Ève s'y livre à tous les épanchements d'une âme tendre et compatissante. Quand elle voit la terre obscurcie par un astre qui couvre le soleil, astre où habitent les âmes des humains avant la naissance :
« Quand les enfants arrivent, que tous les siècles futurs arrivent, l'aimante mère
» se penche sur une main qui tremble, et de l'autre elle montre au Père des
» hommes l'immense génération, les Chrétiens à venir. Ah ! dit-elle en fixant
» de nouveau ses yeux sur la croix sanglante, ce sont eux, ô Père de mes
» immortels ! ce sont tes enfants ! Qui prononcera le nom de l'Homme qui verse
» son sang pour ceux-ci ? Quel chant de Hosanna peut célébrer celui qui est
» couvert de plaies ? Ah ! fussiez-vous déjà nés, Chrétiens, enfants du ciel ! que
» mille et mille, et encore mille mères fondant en larmes, vous menassent
» déjà en extase vers la croix ! que vous connussiez déjà le plus saint entre ceux
» qu'une femme a mis au monde, et qui même dans la crèche pleura sur la
» nature humaine ; mais ils le connoîtront, ô mon époux ! ils connoîtront le
» Médiateur de notre alliance, le Fils de Dieu qui les aima tant, le Divin ! Votre
» mère vous bénit » !

Quand ensuite elle aperçoit Marie, « la tête penchée, le pied chancelant,
» le visage rempli d'angoisse et pâle de douleur, ne trouvant pas encore les
» larmes adoucissantes, immobile et muette comme la mort : C'est elle, c'est elle,
» se dit alors Ève ; c'est la mère du plus grand des humains ! ce sont tes souf-
» frances qui me l'ont bientôt appris. Tu es Marie. Voilà ce que je sentis quand,

Vader vergeef' het hun!

Klopstocks Messias VIII. Z.

» à côté de l'autel, Abel nagea dans son sang ; voilà aussi ce que tu sens ; tu es
» la mère du mourant ». Enfin, quand l'agonie du Sauveur augmente : « Puis-je
» encore, dit-elle, te nommer mon Fils ? Ah ! ne détourne pas de moi ces yeux
» qui ne me fixent déjà qu'à peine. Tu m'as pardonnée, ô mon Rédempteur ! et
» la voix de ton amour accorda à la criminelle une vie sans fin. Tu meurs
» cependant ; la sombre idée se précipite comme la foudre sur ma tête : elle
» rejette l'immortalité sur les tombeaux. Homme-Dieu, que je pleure sur toi !
» Il est vrai, tu es trop grand pour les larmes : mais que je pleure cependant sur
» toi ! je soupire après le repos. Pardonne-moi aussi mes larmes. Mais quand
» mon Rédempteur, cette victime de la mort, me pardonne, me pardonnerez-
» vous bien aussi, vous qui êtes nés pour mourir ; vous, à qui Ève a donné le jour ?
» Quand leur râlement, leur dernier coup-d'œil incertain me maudira, bénis-moi
» alors, ô Crucifié ! Enfants, ne maudissez pas celle qui a souffert la mort ! Pour
» l'amour de vous, j'ai passé ma vie à pleurer. Quand je sentis les approches de
» la mort, j'ai pleuré pour vous ; et quand mon corps se consuma, des larmes se
» consumèrent avec lui. Quand vous aussi éprouverez les approches de la mort,
» le rafraîchissement, la consolation d'une meilleure vie découlera en votre
» faveur de ses plaies. Vous ne mourrez point : un sommeil seulement vous
» élèvera vers celui qui a trouvé la propitiation envers Dieu. Ces plaies, qui
» répandent aujourd'hui du sang, se verront resplendissantes : les plaies de
» celui qui ne fut jamais créé, et qui est mort. Enfants, ne maudissez point la
» mère ! Vous êtes immortels ; et lui, Jésus-Christ, est aussi mon Fils » !

I X.

L'AME DE JUDAS DESCEND AUX ENFERS.

L'ange de la mort, Obaddon, a reçu l'ordre de conduire l'âme du suicide Judas à l'enfer, dès qu'elle se sera séparée du corps. Il s'arrête auparavant avec elle, le glaive flamboyant à la main, sur un nuage au-dessus de la croix. « Malheureux! découvres-tu là Béthanie? ici la cabane de Caïphe? plus loin, la » maison où tu reçus, avec les autres, les signes de la commémoration de sa mort? » Voici Gethsémané! voilà ton cadavre! Tu trembles! cependant tu ne t'enfuiras » point; et il étendit le glaive flamboyant. Celui que tu vois suspendu à cette » croix, la plus éminente des trois, et la plus enveloppée d'obscurité, c'est Jésus- » Christ; il meurt pour s'immoler à Dieu par amour pour les hommes, pour » adoucir leur vie et leur mort, pour les arracher à cette mort, cette mort » éternelle, qui cause aujourd'hui tes tourments, et pour les élever à la contem- » plation de Dieu. Ces plaies, qui répandent aujourd'hui un sang réconciliateur, » resplendiront un jour, quand il viendra se présenter avec elles comme Juge » de la terre.

» Tourne-toi à présent, âme du mort! et, avec un désespoir terrassant, » l'âme du mort se tourna. L'ange vole ensuite avec elle par le vaste espace des » cieux, et s'arrête de nouveau sur un soleil, d'où elle put observer de loin le » domicile de la Divinité. Voici le ciel de Dieu, le théâtre des communications » que l'Indicible accorde à ceux qui l'aiment, et par lesquelles il les rend souve- » rainement heureux. Sur ce trône, couvert à présent d'une nuit terrible, c'est » là que nous voyons reluire la gloire de Dieu. Cette colline céleste s'appelle » Sion; c'est sur elle que celui qui, dès la fondation du monde, s'est immolé » pour les humains, apparoîtra souvent avec sa grâce aux justes rendus parfaits. » Douze de ces trônes d'or que tu vois sur Sion, semblables à des soleils, sont » destinés, par le grand Rémunérateur, aux disciples de Jésus. Perfide! c'est » sur eux qu'ils jugeront un jour le monde! Toi aussi étois disciple; ne lamente » point pour être anéanti : tes lamentations sont superflues! Regarde! autant » d'objets de magnificence que ton œil découvre dans ce ciel, autant d'objets » de supplice Dieu t'a destiné en les contemplant. C'est en vain que tu te débats, » ô impuissant! pour en détourner tes regards. Tu te tiendras ici, comme un » rocher de l'océan qu'aucun orage ne fait chanceler, et tu regarderas. C'est » pour élever à ce ciel, à ce repos éternel, ceux qu'il aime, que Jésus-Christ » mourut sur la croix.

» Tourne-toi encore, âme du mort, et suis-moi : je te conduis à présent à » l'enfer, ta demeure éternelle! Ainsi parlent les tonnerres, ainsi le prononça

De ziel van Judas vaart ter Helle.

Klopstocks Messias IX.Z.

» l'ange avec cette voix qui écrase, et ils s'envolent. Déjà ils s'approchent de
» l'abîme. — L'ange de la mort, qui en est le gardien, reconnoît Obaddon, et
» voit en même temps le scélérat, qui se tord encore et se tourmente pour fuir;
» mais, courbé sous le glaive flamboyant, il est forcé de suivre, et de se dépêcher.
» Le gardien de l'enfer, le séraphin qui domine ici, ouvre déjà la porte de
» diamant avec un bruit qui s'étend loin dans les cieux. Quand des montagnes
» s'y élèveroient, elles ne rempliroient pas la terrible entrée ; elles ne la ren-
» droient que plus raboteuse. — C'est devant ce sépulcre, dans lequel l'Horreur,
» muette, pâle, chancelante, jette des yeux hagards, et où la Mort ne sommeille
» pas, que l'exécuteur de la vengeance divine s'arrête avec toi, perfide Judas
» Iscariot. Le séraphin, en détournant du réprouvé sa face, tandis que son glaive
» s'abaisse vers l'abîme, lui dit alors : Voilà le séjour des condamnés et le tien.
» C'est afin que les habitants de la terre, les pécheurs, ne souffrent pas ici la mort
» éternelle, que Jésus-Christ meurt à la croix. Il a parlé, et incessamment il
» plonge le maudit dans le gouffre ».

X.

PÈRE, JE REMETS MON AME ENTRE TES MAINS.

Tandis que Jésus prononce ces paroles et expire, l'ange de la mort, à genoux et en se détournant, touche de son glaive flamboyant le pied de la croix. Deux anges, remplis d'effroi, s'envolent; encore deux autres couvrent le soleil de leurs mains et de leurs vêtements, afin qu'il n'éclaire pas un globe qui s'en est rendu indigne, par le meurtre de Jésus-Christ. La Mort même enfin sort de la terre, et attend avec étonnement sa victime.

Selon le poète, quand Eloa a annoncé aux pères de l'ancienne alliance que l'ange de la mort, l'exécuteur de la justice divine, arrive, celui-ci descend sur le Sinaï, et de là sur le Calvaire, où, se prosternant sur le visage, il adresse sa prière au Sauveur : « Fils de Dieu, dit-il, Juge de l'univers, celui que ton
» offrande apaise m'envoie, moi, un être créé! O toi, qui ne le fus jamais,
» fortifie ma foiblesse, afin que je sois en état d'exécuter le commandement!
» Ah! la charge de ce grand commandement, depuis que tu souffres sur la
» croix le jugement impénétrable, pèse sur moi, comme un globe tombé des
» cieux. Qui suis-je, ô Dieu! ô Juge de l'univers! que tu m'envoies pour lui
» annoncer la plus terrible mort? moi, un esprit formé depuis hier, et enfermé
» dans un corps, qui rappelle bientôt le néant, et que tu formas d'une nuée
» obscure et de flammes ondoyantes. Sauveur tout-puissant! la terreur se saisit
» de moi avec une tristesse et une angoisse que je n'éprouvai encore jamais;
» mais je dois obéir au commandement : c'est l'Éternel qui l'ordonna. Il se lève
» alors, et reprenant toute sa terreur, qu'il avoit déposée pendant sa prière, il
» continue ainsi : Lui, à qui tu t'offres en victime, l'Éternel a accepté ton
» sacrifice divin. La justice vengeresse du Très-Juste est infinie. Médiateur, tu
» t'es soumis toi-même à cette justice; tu t'y es soumis toi seul, et aucun des
» êtres créés ne t'a accompagné. Le cri de ton sang, qui a demandé grâce, grâce
» de la part du Juge, est monté devant lui : lui cependant t'a abandonné, et
» t'abandonnera jusqu'à ce que tu meures de la mort qui réconcilie Dieu avec
» la terre. Des instants fugitifs encore, et tu la subiras, Être divin! L'ange de
» la mort le dit, et détourne sa face terrible ».

Jésus alors prononce ses quatre dernières paroles, « boit sans assouvir sa soif,
» tremble, pâlit, saigne, penche la tête, et expire ».

Vader! in uwe handen beveele ik mynen Geest.

Klopstocks Messias X.Z.

Opwekking van veelen der oude Heiligen.

Klopstock's Messias XI. Z.

XI.

PLUSIEURS SAINTS DE L'ANCIENNE ALLIANCE

RESSUSCITENT DES MORTS.

L'ANGE Gabriel montre à nos premiers parents un sépulcre ouvert, et un linceuil mortuaire qu'il en retire, pour leur apprendre comment Dieu a su détruire leur crime. Ceux des pères qui ont prédit la venue du Messie, remplissent les nuages dans le haut; Moïse et David volent à leur tête, et font observer dans le lointain la croix, comme l'accomplissement de toute prophétie; Hénoch et Élie, les seuls qui, n'ayant jamais subi la mort, ne pouvoient pas être rappelés à la vie, restent assis au pied de la croix.

Dans le poëme, Gabriel avoit ordonné, de la part de Dieu, aux âmes des pères du Sauveur, de se rendre, de Golgotha où ils l'avoient vu mourir, chacun vers son propre tombeau. Vient ensuite le récit de la résurrection de plusieurs d'entre eux, avec une relation très-bien conçue des événements dans lesquels ils ont figuré. Voici celle de Moïse, où l'auteur s'est plu à tracer, par des traits rapides, toute l'histoire de ce saint.

« L'homme dont le visage étoit resplendissant, lorsqu'après avoir contemplé
» l'Éternel, il descendit sur le Sinaï, et resplendissant au point qu'il dut le cou-
» vrir devant le peuple; l'Homme qui ne put voir Canaan que de loin, et du
» sommet de Nébo, pour n'avoir été incrédule qu'une seule fois, quand, dans
» le moment fatal, le rocher ne lui fit pas rejaillir assez tôt ses torrents : Moïse
» enfin, voloit isolé à l'entour de sa tombe solitaire, et aucun ange ne l'accom-
» pagnoit. Il n'en avoit pas eu pendant son épreuve terrestre : telle fut la grandeur
» de celui qui a vu la gloire du Seigneur, et n'est pas mort en la voyant. Il s'aban-
» donnoit, pendant son vol, à de profondes méditations. La vie qu'il avoit menée
» sur cette terre passa comme une ombre et une apparition devant son esprit.
» Pharaon! Pharaon! ah! depuis long-temps la mer Rouge n'est plus couverte
» de tes os blanchis, et de ceux de toute ton armée! Comment retombèrent-ils
» sur toi, ces murs que les flots avoient accumulés des deux côtés? Comment
» rugirent-ils, ces vents qui descendoient de la colonne de nuées, colonne dont
» le sommet touchoit aux cieux? Comment l'Égypte succomba-t-elle aux coups
» de la mort, et fut-elle ensevelie par la main de Dieu? Ces nuées, au contraire,
» nous conduisirent le long de ces mêmes bords, ici et de l'autre côté des collines.
» —L'Éternel te détruisit ensuite, Amalec, aussi long-temps qu'on soutint mes bras
» vers le ciel, et détruisit Israël lorsqu'on les fit retomber. — Ailleurs s'embrasa
» le buisson : ce lieu me sera saint à jamais. — Ah! rocher, que tu tardas de
» devenir une fontaine! — Quelles idées s'élevèrent-elles dans vos âmes, Abiram,

» Dathan, et toi, Korah, quand la terre vous engloutit ? C'est par ses fentes que
» l'enfer fit retentir ses rugissements sur le triomphe qu'il venoit de remporter.
» — Oui, c'est lui, c'est Sinaï, la montagne du tonnerre et du son de la trom-
» pette ! — Toi, ô désert ! tu es le sépulcre insatiable de tous ceux que le Tout-
» Puissant y a conduits du fleuve changé en sang à travers la mer Rouge. Pour
» ma sépulture, c'est Nébo. — Ah ! n'est-ce pas Gérizim dont je découvre de loin,
» en Canaan, la hauteur éclairée ? et n'est-ce pas, plus loin, l'autel éternel du
» Calvaire ?

» Les anges auxquels Dieu avoit ordonné d'apporter sur la terre l'alliance de
» la loi, se tenoient alors sur Nébo, et y chantoient l'autel éternel et sanguinaire
» de Golgotha, cet autel si rempli de grâce ! Ils le chantoient, la tête tournée
» vers les cieux, et l'air retentit de leurs accents. Ils resplendissoient comme des
» astres, venoient, voloient autour du tombeau, et tenoient élevées leurs harpes
» d'or. Nous ne te portons pas la bénédiction de Gérizim, ni une vie terrestre,
» mais nous te portons la bénédiction de Golgotha. Moïse, le dieu d'Aaron,
» pourquoi donc ton corps tarde-t-il encore ? Poussière qui te reposes, ressuscite,
» et que la vie retourne en toi : le Rédempteur t'appelle ! Moïse s'étoit endormi
» aux sons tranquilles, doux et célestes de la harpe, il ressuscita aux sons bruyants
» de la trompette. Nébo trembla à chaque ton de l'instrument par lequel les
» morts se réveillent, à mesure qu'il descendit dans le tombeau. Le glorifié
» courba ses genoux, et se prosterna solemnellement sur la terre pour adorer.
» Pendant long-temps son hymne de louange et sa prière d'allégresse montèrent
» vers le ciel, et certes aucun ange alors n'avoit besoin de lui soutenir les
» bras ».

Nicodemus brengt de doornen kroon in de Vergadering der Jongeren.

Klopstocks Messias XII Z.

XII.

NICODÈME APPORTE LA COURONNE D'ÉPINES

DANS L'ASSEMBLÉE DES DISCIPLES.

Après la mort et l'ensevelissement du Sauveur, ses disciples, sa mère et les saintes femmes se sont successivement réunies dans la salle d'une maison à Jérusalem, où Jésus s'assembloit et s'entretenoit quelquefois avec eux, et ils s'y livrent à la plus profonde douleur, dont leurs discours expriment les différentes nuances. « Alors Joseph d'Arimathée entre dans la sombre assemblée avec un
» visage lugubre et sérieux : Frères du Christ et les miens, dit-il, j'amène avec
» moi Nicodème mon ami ; il attend en tremblant la permission d'entrer, il
» apporte.... Ah! Joseph, excellent homme, qu'apporte-t-il, dis-le nous, qu'ap-
» porte-t-il? — Je le vois, vous souffrez déjà trop ; et que ne souffririez-vous pas
» encore? Non, il faut qu'il retourne, qu'il fuie! — Qu'apporte-t-il? qu'est-ce
» donc, Joseph, qu'il apporte? — Vous m'en remercierez un jour ; je vais le
» prier qu'il retourne et qu'il fuie.... il porte la couronne sanglante! La cou-
» ronne sanglante! s'écria la mère, et fondit en larmes. Le cri terrible de la
» mère perça les os et la moëlle de tous les assistants, pétrifiés comme des rochers.
» A peine les paroles étoient-elles sorties de sa bouche, et s'étoient-elles élevées
» vers le ciel, que le témoin de la mort du Sauveur entre dans la salle, la cou-
» ronne à la main. Marie s'arrache alors aux bras qui la soutiennent, pâlit, ôte
» de sa tête le voile qui l'enveloppe, et en couvre la couronne homicide ; elle se
» tord les mains, chancelle, et tombe renversée. On soutint la mère le mieux
» qu'il fut possible, et on se courba avec elle. Harpe! qui retentis des tons de la
» douleur, supprime tes accents : les plus tendres que tu pourrois produire ne
» peindront jamais les pleurs de la mère, ni le premier bégayement qu'elle fit
» entendre lorsqu'elle se tint de nouveau levée, et qu'elle étendit les bras en
» haut pour implorer le secours du Seigneur. Le Fils charitable jeta de son ciel
» un regard sur elle, et lui préparoit de la joie. Cependant elle ne la sentoit pas
» encore ; et, pâle comme un mourant, elle continua ainsi ses plaintes : La
» regarder encore une fois, cette couronne! Ah ! pourquoi me l'a-t-on apportée?
» Je l'ai vue pendant trop long-temps environner ses tempes, et roidie par son
» sang! Mais celui qui habite le ciel a tendu son arc contre moi d'une manière
» effrayante ; et, malheureuse que je suis! il y a placé des armes mortelles. Je
» suis son but ; c'est pour me perdre qu'il prépare la flèche ardente. Y a-t-il
» encore, sous tous les cieux, une mère qui vît périr un fils semblable au Saint
» défunt, qu'a porté la croix » ? Au reste, il seroit superflu de remarquer que,
dans la gravure, c'est Saint-Jean qui soutient Marie, et que la Madelaine et
Saint-Pierre expriment leur douleur sur l'avant-scène.

XIII.

LES GRANDS SACRIFICATEURS APPRENNENT LES ÉVÉNEMENTS

ARRIVÉS AUPRÈS DU TOMBEAU DE JÉSUS.

« Déjà pendant deux nuits l'assemblée des sacrificateurs étoit restée réunie
» dans la salle du Grand Pontife ; et, privés de sommeil, ils commençoient
» à voir naître une nouvelle aurore. Ils attendoient l'issue sans proférer une
» parole. Ce tombeau scellé, la garde des Romains, le mort même, restoient
» toujours des images terribles pour leurs âmes effrayées. L'Incertitude, avec le
» trouble affreux qui lui est propre, avec ses flots accumulés, avec tous ses
» orages, les bouleversa. Enfin, le troisième, le si redoutable jour arrive » !

Plusieurs soldats romains se présentent successivement à l'assemblée, et lui
annoncent le tremblement de terre qui a eu lieu, leur chute qui en a été la suite,
et le tombeau qui s'est ouvert et qui n'enferme plus le corps. Ils leur reprochent
en même temps d'avoir fait périr le Fils du Dieu des tonnerres. L'assemblée est
saisie d'effroi, et Caïphe tâche de calmer l'esprit des soldats ; mais tout à coup le
centenier entre lui-même dans la salle. « On se lève devant lui avec précipi-
» tation, et recule. — Vous me connoissez ; je l'ai vu, comme les autres, à la
» croix, et j'ai cru déjà alors qu'un Fils des Dieux mourut. Vous ne pouvez plus
» ignorer à présent ce qui est arrivé auprès du tombeau. — Philo, avec un rire
» affreux, mais au reste d'un extérieur tranquille, se place devant Cnéus, et lui
» demande d'une voix lente et sépulcrale : Tu vis donc le tombeau ouvert, et
» sans le corps ? — Oui, sans le corps. — Dis-moi, oses-tu m'affirmer ceci par
» Jupiter ? — Je ne l'affirmerois pas par Jupiter, mais je te le jurerois par
» Jéhovah que j'adore, si je daignois le confirmer par un serment, et si ma
» parole, malheureux ! ne devoit pas te suffire. Mais Philo s'écrie avec fureur :
» Ah ! l'avez-vous entendu ? Il a vu le tombeau ouvert, et sans le corps, et il ne
» jure pas ! Centenier, tu as fait plus que jurer ! Il le dit, et arrache au Romain
» le glaive de sa ceinture, l'enfonce des deux bras avec rage dans ses propres
» entrailles, le rejette alors loin de lui, chancelle, et tombe en mourant sur la
» terre. Quand il y roula dans son sang fumant, il se déchire encore sa blessure,
» jette du sang dans l'air, s'écrie : Ah ! Nazarien ! et expire. Cnéus relève l'épée,
» s'approche du mort, et la fait tomber, comme le sang en découloit encore, sur
» lui. A vous, ô terreurs ! à vous, nuit éternelle et désespoir, soit consacré ce
» glaive ! Et après l'avoir dit, il se tourna et quitta l'assemblée ».

De Overpriesters verneemen het geen by het graf gebeurd was.

Klopstocks Messias XIII.Z.

De Meſsias verschynt aan Petrus.

Klopſtocks Meſsias XIV. Z.

XIV.

APPARITION DU MESSIE A SAINT-PIERRE.

Ce disciple, quoiqu'informé déjà des paroles de l'ange : *Dites-le à ses disciples et à Pierre*, ne peut croire encore à la résurrection de son maître. Il tourne de nouveau ses pas vers le sépulcre, et y jette des regards. A peu de distance de là il trouve la Madelaine à genoux, et répandant des larmes de joie : « Heu- » reuse femme, crois-tu encore toujours, lui demande-t-il, que tu l'as vu res- » suscité? Tu m'as trouvé, lui répliqua-t-elle, tenant de la main droite un » arbrisseau, et penchée de l'autre sur la poussière. Ce sont les mêmes endroits » que couvroient ses pieds. — Marie, élève tes yeux sur la croix, c'est sur elle » qu'il mourut! — Et cependant, il est ressuscité, ô Simon, il est ressuscité des » morts! — Je te conjure, Marie; je te conjure par le Dieu vivant, de me » répondre : ton œil, cet œil qui me voit à présent me tenir devant toi, l'a-t-il » vu? — Si mon œil l'a vu? Ah, Céphas! par la véracité de celui qui est éternel, » cet œil qui te regarde, a vu aujourd'hui la gloire du Rédempteur; mon oreille » a entendu la voix du Fils de Jéhovah! et j'ai goûté les délices des cieux. — » Détourne-toi, trop heureuse femme! laisse-moi pleurer en repos, et donner » un libre cours à ma tristesse. Ah! qu'une vision m'eût séduit comme toi, m'eût » rempli d'allégresse et eût calmé mon âme! Non, je ne te crois pas. — Ne crois » donc pas aussi que tu l'as vu un jour marcher sur la mer, ou entouré sur le » Tabor des rayons de la gloire de Dieu son Père ».

Ils se séparent alors, et Pierre se livre à ses tristes méditations. « Ah! se dit-il, » elle croit de tout son cœur. Qu'elle est remplie de joie et de confiance! Mais » pourquoi me méfiai-je d'elle; celui qui marcha sur la mer et qui me soutint » sur les flots furieux, ne peut-il s'éveiller du sommeil de la mort? Oui, ô toi » le mort du Seigneur! pardonne à mes larmes, pardonne à la douleur de mon » âme, si tu vis! Tu m'as soutenu, lorsque, dans mon doute, j'allois succomber » sous les flots qui se rouloient sur moi; sauve-moi aussi aujourd'hui. Tu le sais, » je suis encore dans une plus grande frayeur que dans celle où j'étois alors, » et tu ne viendrois pas me secourir, Seigneur? et tu ne me présenterois pas, » tandis que je m'enfonce encore plus profondément, ta divine main? Je t'in- » voque par ton amour de compassion, par cet œil plein de grâce dont tu me » regardas, quand le poids trop pesant de mon reniement fondit sur moi; par » cet acte de miséricorde, ah! aie pitié de mon angoisse, et si tu te montres à » d'autres, montre-toi aussi à moi! Non, je te demande trop. N'étoit-ce pas déjà » une grâce ineffable, quand l'ange ordonna : *Dites-le aux disciples et à Pierre!* » O viendrois-tu à moi, Seigneur! à moi qui te reniois, tandis que tu n'apparois

» pas à Lebbée, à Jacques, à Jean, ni à la plus aimante des mères? — Cependant
» la Madelaine a péché aussi bien que moi? Mais quand a-t-elle péché? Avant de
» connoître Jésus. Et puis, ai-je jamais aimé comme aima la Madelaine?

Il monte, en attendant, à pas lents le Calvaire, y tombe à genoux, et baisse les
yeux pour prier. « En les relevant, il voit Jésus sous la croix. Le Sauveur du
» monde lui tend la main droite avec une bonté divine; mais Pierre ne peut
» encore se remettre sur ses pieds; il s'agite et cherche de l'autre main le bras du
» Ressuscité pour s'y attacher; mais elle retombe vers la terre. Il se relève ensuite,
» embrasse des deux bras la main droite de Jésus, tremble en la tenant, la presse
» avec ardeur contre son sein, et baisse le front sur le bras du Ressuscité. Enfin
» il fixe les yeux sur la face du Sauveur, et commence à s'écrier avec la voix
» balbutiante de la première joie : Seigneur, Seigneur, Dieu miséricordieux,
» rempli de grâce! Il ne cesse de regarder le Vivant. Seigneur Dieu, miséricor-
» dieux et rempli de grâce! s'écrie-t-il encore, et ne tremble plus, et sent le regard
» indicible du Rédempteur, qui lui fait goûter des consolations plus qu'abon-
» dantes ».

Ses deux anges gardiens (car Ithuriel, après la trahison de Judas, venoit
d'être ajouté à Orion, par qui Pierre avoit toujours été guidé) volent au-dessus
de Golgotha, partagent son allégresse, et s'embrassent : « Il est terrible, dit
» Orion à Ithuriel, il est affreux d'avoir péché, de l'avoir fait contre le Sau-
» veur du monde, à l'époque même de la rédemption, et comme disciple élu;
» nous en concevons à peine la possibilité : mais pour obtenir un pardon pareil,
» après l'avoir demandé à force de larmes, le genre humain a bien des titres sans
» doute à mériter le nom d'heureux ». Jésus alors quitte Golgotha, et Pierre,
qui continue à l'adorer, le voit se perdre dans l'ombre d'un tombeau qui se
penche. Il lui rend les plus vives actions de grâce, et retourne à Jérusalem pour
annoncer son bonheur aux autres disciples.

Portia by het Graf van den Messias.

Klopstocks Messias XV. Z.

X V.

PORTIA AUPRÈS DU SÉPULCRE DU MESSIE.

Ce Chant, un des plus agréables du poëme, contient le récit extraordinairement varié des apparitions, que plusieurs des saints ressuscités de l'ancienne alliance sont supposés avoir faites à des personnes vivantes auxquelles Jésus étoit cher, ou qui leur paroissoient le mériter. On a choisi pour sujet de dessin l'apparition de deux filles de Job à l'épouse du gouverneur romain, qui, depuis la saisie de Jésus, n'avoit pensé qu'à lui, et qui, depuis son songe surtout, s'étoit pénétrée de la certitude de sa grandeur, quoique n'en ayant encore que des idées confuses, et se trouvant en même temps jetée dans le doute sur ce qui étoit devenu de lui. C'est le cinquième jour après sa résurrection qu'elle se rend le matin au sépulcre, ne se faisant suivre que de loin. Jémina et Rachel prennent aussitôt la forme de pèlerines d'une des isles de l'Archipel, qui s'étoient rendues à Jérusalem pour la fête. Elles tenoient un bâton à la main ; et leurs tresses, que le vent ne faisoit pas flotter, étoient nouées d'un ruban de pourpre. Portia, les voyant passer près d'elle, les prie de s'arrêter, et leur demande si elles ont connu celui que ce tombeau renfermoit il n'y a encore que peu de jours. Rachel lui dit alors :
» Qui es-tu, qui nous interroges ? Tu parois une étrangère. Serois-tu du
» Capitole, de la plus terrible des sept collines, une des dominatrices ? Laisse-
» nous alors, ô Romaine ! et ne te moques pas de nous. — Que celui qui habite
» les cieux se moque de quiconque a l'audace de railler la piété et l'innocence ;
» apprends à me mieux connoître. Il est vrai, je suis la femme de Pilate ; mais je
» me croirois profondément humiliée si je fus capable d'insultes de ce genre.
» Des mers éloignées ne vous ont-elles pas envoyées vers ces lieux pour adorer,
» et j'irois récompenser la piété par des railleries rampantes » ! Elle les questionna ensuite sur le bruit qui couroit de la résurrection de Jésus ; et Jémina, en feignant d'admirer cette sainte curiosité dans une païenne, lui répond : que sa compagne avoit même vu une personne pieuse à laquelle il étoit apparu. « Parle, s'écrie alors Portia, parle, ô bienheureuse ! qui as vu une femme plus
» fortunée encore qu'il a comblée de sa grâce ; vit-elle encore dans ce séjour de
» malheur ? Ne l'a-t-il pas emportée avec lui dans une meilleure existence » ? Rachel lui apprend qu'elle vit encore, et lui fait en détail le récit de l'apparition de Jésus à la Madelaine. « Arrête, lui dit Portia, ou je succomberois sous l'excès
» d'une joie qui m'opprime tout d'un coup avec trop de force ». Elle veut qu'on la lui amène pour l'admirer en pleurant : « Oui, en pleurant ; car de cette
» abondante source de repos qui l'a inondée, aucune goutte ne me rafraîchira.
» Payenne et romaine, je n'appartiens pas à la race d'Abraham, et bien moins

» encore à ces filles de Jérusalem, si chéries, auxquelles le Vainqueur, le grand
» Vainqueur de la mort daigne se présenter. Pourquoi un triomphe ne le récom-
» pense-t-il pas, un triomphe illustre, dont tout Jérusalem retentiroit, et dont
» Sion et les voûtes du Temple s'ébranleroient? Pourquoi ne porte-t-on pas
» devant lui les bustes des pères? Toute la Judée sur des perches d'or? Le buste
» d'Abraham, de Daniel, de Job, de Moïse, et le tien, courageux jeune homme,
» qui renversas le géant et enlevas le joug de l'épaule de tes concitoyens? Pour-
» quoi ne le suit pas en pleurant celui qui étoit paralytique et qui marche; le
» sourd, l'aveugle qui entend et qui voit? Ah! cet homme miraculeux, pourquoi
» ne le suit pas le mort rendu à la vie? De sorte que jamais un triomphe n'ait
» égalé le sien, aucun de ceux qui ont fait orgueilleusement le tour des collines
» victorieuses, et qui ont déposé la couronne de lauriers au Capitole auprès des
» foudres de Jupiter. Mais, où est-ce que je m'égare? Son règne, ne l'ai-je pas
» entendu moi-même? n'est point de ce monde ». Elle tombe alors dans de profondes méditations. Jémina lui témoigne combien elle se réjouit de ses idées sur
le règne d'un monde futur, et de ce que les triomphes terrestres ne lui
paroissent pas assez grands pour le Seigneur de gloire. Elle lui reproche ensuite
de continuer dans sa tristesse, puisque Jésus étoit ressuscité, et que les témoins
l'annonceroient peut-être bientôt à elle-même. « A moi! dit la Romaine d'une
» voix foible, et qui n'étoit plus guère qu'une respiration.— Doutes, quittez son
» âme, s'écrie Jémina alors; que le Souverain de tous les siècles, qui dès le com-
» mencement remplit le royaume des cieux de bonheur, soit ton Dieu! Que
» celui qui t'a créée soit ton Dieu de miséricorde!— L'immortelle, en le disant,
» fit reposer ses mains bénissantes sur le front de Portia, qui fondit en larmes,
» et dont la voix s'éteignit. Quand, enfin, elle lui retourna, elle dit: Qui que tu
» sois, une mortelle comblée de la faveur divine, ou un de ces esprits célestes
» qui apparoissent aux hommes, conduis-moi, que faut-il que je fasse? Mène-
» moi, mène-moi à Dieu!— Portia, lui demanda Rachel d'un ton calme, as-tu
» déjà appris que des morts sont ressuscités avec Jésus?— Et la Payenne lui répli-
» que d'une voix plus rapide: Qu'as-tu dit, des morts ressuscitent-ils avec Jésus »?
On lui répète alors le fait, lui en explique les motifs, l'engage à ne pas chercher
ceux qui ont vu Jésus, mais d'attendre qu'il lui envoie ceux qu'il a résolu de lui
envoyer, et de se rendre en Galilée où elle pourroit soit le voir lui-même, soit au
moins quelques-uns de ceux qu'il a comblés de ses faveurs. « Et à présent, con-
» tinue Rachel avec un sourire d'amour, nous devons te quitter. Ah! je te con-
» jure, dit Portia, par ce Dieu qui répandit aussi sur moi ses grâces, restez, ne
» me quittez pas encore; dites-moi qui vous êtes. Oui, un pressentiment, comme
» je n'en éprouvai jamais, me fait tressaillir, m'élève l'âme, et m'environne de la
» lueur de la plus ravissante probabilité, que vous êtes des Immortelles; mais de
» grâce, dites-le moi vous-mêmes, afin qu'il ne reste pas le plus léger nuage qui

» obscurcisse dans mon âme le jour qui commence d'y éclorre : Dieu vous le
» récompense par la certitude de son ciel ! Les immortelles se regardèrent par un
» mouvement de joie et restèrent. Nous t'apprendrons à prier ; et elles s'age-
» nouillent avec elle devant le tombeau du Sauveur. Notre Père, qui es aux
» cieux, que ton nom soit sanctifié ! — A toi est le règne, la force et la magnificence.
» Amen ! Quand elles eurent fini, et prononcé les paroles : A toi est la magnifi-
» cence, elles élévèrent leurs bras étendus vers le ciel, elles s'enveloppèrent
» bientôt de splendeur, et du tombeau elles s'envolèrent rapidement dans l'ombre
» des arbres : souvent elles se tournèrent, pour jeter encore un sourire de ten-
» dresse sur Portia : la joie indicible de la Payenne les ayant elles-mêmes rempli
» d'allégresse. Celle-ci resta encore à genoux, et, hors d'état de se relever, elle
» étendit ses bras vers les deux immortelles. Jémina étoit disparue, et enfin
Rachel l'étoit aussi. Des larmes de joie coulèrent alors des yeux de Portia, le
long de ses joues, qui venoient de reprendre quelque rougeur. Elle se leva enfin,
légère comme la feuille qu'emporte l'haleine du vent, et se rend avec célérité
vers les portes de Jérusalem, toujours en priant : Père, à toi est le Règne, la force
et la magnificence. Amen !

———————

XVI.

LA DESCENTE AUX ENFERS.

Jésus, accompagné d'Éloa, marche vers les enfers. « Quand Abdiel le vit
» venir de loin, et l'entendit, il vola plein de ravissement à sa rencontre dans
» l'espace, et retourna incessamment vers la porte de l'enfer, l'annonça à l'autre
» gardien, et ouvrit avec véhémence, quoiqu'en tremblant, de sorte que les ver-
» roux et les gonds résonnèrent dans le tombeau éternel. Le séraphin parut aux
» condamnés comme en flammes. Pendant long-temps il leur sembloit qu'un
» char de tonnerre, roulant sur un millier de roues, se précipitoit en bas avec
» tumulte. Jésus entra dans la porte ouverte de l'enfer. Les gardiens avoient
» fléchi, devant ses pieds, leurs genoux, sur les degrés qui menoient dans l'abîme.
» Ils se levèrent alors, et suivirent de leurs regards adorants le Juge du monde,
» qui descendoit dans la profondeur du gouffre, et à la vue duquel les démons
» se roidissoient tout à l'entour comme des rocs. — Jésus marcha tout droit vers le
» trône de l'abîme qui, plus élevé que les autres, jeta des ombres terribles sur la
» hauteur du temple de celui qui hait Dieu et Satan de la même haine. Dans le
» port du Médiateur qui s'avançoit, dans le port du Vainqueur, environné de
» l'éclat d'un repos divin, se manifestoit la toute-puissance, source des forces
» originelles. Sous ses pas, l'enfer devenoit Eden, et derrière lui Eden redevenoit
» l'enfer. Le Terrible se tenoit sur le rivage de la mer Morte, et ne parloit point.
» Les démons voulurent s'enfuir, mais ils ne le purent; mourir, mais aucun
» genre de mort n'eut compassion d'eux. A côté du Rédempteur se tenoit Éloa,
» portant ses regards de tous côtés à une distance éloignée. Voici, avec cette
» célérité qu'emploient des pensées d'anges, le trône de l'abîme s'écroule et tombe
» en poudre. Du sein des décombres s'élèvent en l'air, en ondoyant, la fumée
» et les flammes. Mille milliers d'échos en firent résonner le bruit de tous côtés
» dans la Géhenne. Le temple s'écroula, et aucuns décombres même n'affir-
» mèrent qu'il eût jamais existé. Toi, Eloa, tu remarquas dans la face du Sauveur
» un tel regard, que tu tombas à ses pieds avec tout le sentiment de ton néant.
» Les démons mugirent vers les airs d'un cri sourd, et avec les flots de la mer
» Morte les thons en retentirent contre le rivage montagneux. » —

On remarquera dans la Gravure, que c'est d'un feu céleste qu'est entouré le
Vainqueur de la mort et de l'enfer, et que, tandis qu'il marche du pied gauche
sur le trône renversé de Satan, qui s'en précipite, il écrase du pied droit la tête
du serpent.

De nederdaaling ter Helle.

Klopstocks Messias XVI. Z.

De Mefsias verschynt aan Thomas.
Klopstocks Mefsias XVII. Z.

XVII.

LE MESSIE SE MONTRE A SAINT-THOMAS.

L e Poète, après avoir peint dans un Chant précédent l'incrédulité de Saint-Thomas, criminelle sans doute, mais cependant excusable par l'excès même de tristesse que lui avoit causée son amour pour Jésus, le ramène dans ce Chant-ci vers les autres disciples. Avant d'entrer dans la maison où ils se tenoient assemblés, il les entend faire retentir un hymne sur la résurrection de leur Maître :

« Jésus-Christ est ressuscité, et il fera ressusciter les siens. Ses enfants ne res-
» teront pas toujours dans le sein de la terre, défigurés par la main de la corrup-
» tion. La voix de la bénédiction retentira, et avec elle sera supprimé jusqu'au
» dernier son de la malédiction. Les archanges se réjouiront et reluiront avec
» plus de splendeur, par les tendres transports que leur feront éprouver les
» morts qui revivent. Elevez-vous, ô Vents, et portez de l'Orient la poussière de
» la corruption! Elevez-vous encore, et apportez-la de l'Occident. Il est ressuscité
» celui qui aima les siens jusqu'à la mort, jusqu'à la mort même de la croix » !

» C'est ainsi que le Disciple les avoit entendu célébrer le Sauveur, et il s'étoit
» couché sur le seuil de la porte : il se couvrit la face de son vêtement; les larmes
» lui découlèrent, comme le sang découle à l'homme qu'on voit étendu sur le
» champ des combats, et qui désespère de la vie, tandis que son compagnon
» prête l'oreille aux chants de triomphe de ceux qui ont combattu pour la liberté.
» Il ne peut se relever encore. Une vapeur nocturne coule dans ses os abattus et
» les pénètre. Thomas cependant ne s'en aperçut pas; la sombre tristesse le fit
» pleurer à plein gosier, et des tremblements continuels se saisirent de lui, de
» sorte que toute son âme se fondit. Il s'élève ensuite avec précipitation, et entre
» auprès de ses frères. Ils revirent le frère, et allèrent avec joie à sa rencontre,
» lui portant leur parole de vie : il les écoute, et se tait pendant long-temps. Mais
» bientôt le froid glacé de la souffrance s'empare de nouveau de son âme, et fait
» descendre sur lui son bras de fer, aussi pesant que rigoureux. Il s'écrie : Si je
» ne vois pas dans ses mains les marques des cloux, et ne mets pas mes doigts dans
» ces marques, ni ma main droite dans le côté de celui qui vit, je ne croirai
» point. La face de ceux qui l'entendirent ainsi parler, rougit et pâlit tour à tour.
» Mais déjà les ailes des chérubins retentirent sous les palmiers auprès de la
» cabane; la compassion du médiateur commença déjà à se développer; et le
» Divin se présente aux yeux de ses disciples. Tels des chrétiens, qui succombent
» enfin aux horreurs de la mort, puisent dans des torrents de clarté : tel Thomas
» se précipite devant le Ressuscité. Le Divin dit aux témoins, avec cet épanche-
» ment qui lui est propre : Paix vous soit! Et à Thomas ensuite : Mets ici tes

» doigts, et regarde mes mains; mets tes mains dans mon côté, et ne sois pas
» incrédule, mais crédule! Le témoin du Ressuscité s'écrie en tremblant : Mon
» Seigneur et mon Dieu! Et le Médiateur éternel continue : Voici, tu as vu et
» tu as cru. Bienheureux est celui qui aura cru, quoiqu'il n'ait point vu! Et déjà
» le Seigneur et le Dieu de ses élus avoit disparu de ses premiers témoins.
» Thomas répète, en priant, ses paroles; il fait le tour des disciples et des autres
» frères, et leur demande le pardon de sa faute. Depuis long-temps ils la lui
» avoient pardonnée en leur amour. L'heureux mortel parla alors de la mort des
» martyrs, du prix glorieux à la fin de la course. Ils parlèrent avec lui du
» témoignage du sang de l'alliance, de la couronne des vainqueurs à la fin de la
» course. Leur discours céleste devint bientôt, comme de soi-même, un hymne
» de louange ». —

Adams droom van den dag des oordeels

Klopstocks Messias XVIII. Z.

XVIII.

LE SONGE D'ADAM RELATIF AU JOUR DU JUGEMENT.

Le patriarche avoit demandé au Sauveur l'avantage d'oser jeter quelques regards sur les effets de sa rédemption. Jésus lui répond que tout s'accompliroit lors du dernier jugement, et qu'il lui feroit contempler quelques foibles rayons du dernier des jours. Sous l'ombre des cèdres un sommeil tombe alors sur Adam, comme jadis il en éprouva un dans le paisible sein du paradis, et pendant ce sommeil la vision lui est communiquée.

Dans la Gravure, le Messie, comme juge du monde, est assis sur les nuages; il déchire du livre de l'éternité les feuillets où se trouvent les noms des persécuteurs, des blasphémateurs et des hypocrites, tels qu'on en trouve quelques-uns sur l'avant-scène, Caïphe entre autres, le flambeau de la persécution à la main. Un jeune martyr est placé devant le Christ, et annonce le jugement à son père et à ses frères. Un ange de la mort répand, devant le Juge, deux vases remplis de sang et de larmes, et leur prédit des maux éternels. Par la lumière éclatante au-dessus du livre, le peintre a voulu exprimer l'approbation de l'Éternel.

Quand le poëte a fait citer, devant le tribunal du mort qui est vivant, ceux qui l'ont offensé par des railleries, et qu'il leur a fait ordonner de fixer les yeux sur le Crucifié, afin d'apprendre à se connoître : « Ils arrivèrent, et ne » purent cacher plus long-temps l'âme ennemie des humains sous le mensonge » du sourire. Leur cœur se montroit sur leur front, marqué par tous les genres » de perversité ». Un homme mort à la fleur de son âge est nommé pour les juger. « La tristesse et les plaintes, dit-il, n'offusqueront plus comme autrefois » ma vie. Oui, je vous nomme, et ne tremble plus. Quels noms! mon Père! Ah! » mon Père et mes frères se trouvent aussi parmi cette troupe innombrable! Tu » n'es plus mon Père, ni toi mon frère. Parle, que t'avoit fait ton Fils, plein de » douceur, il est vrai, mais cependant invincible? Que t'avoit fait la bouche » taciturne de ton frère, et sa joue qui se flétrissoit, pour vous efforcer avec » cruauté de m'enlever, par des raisonnements entortillés comme des serpents, » le seul repos que je pusse avoir à l'heure de ma mort, la béatitude de mon » immortalité, la dernière, l'infaillible espérance, le Crucifié (il est vrai qu'il » répandit son sang, mais c'étoit un sang de grâce), le réveil du grand jour, la plus » puissante consolation de l'âme qui luttoit, quand la terre alloit lui manquer : ce » réveil, qui est devenu aussi votre partage, mais non pas avec des exclamations » de joie, avec le sentiment de la vie, avec ces chants de triomphe qui montent » vers le premier né d'entre les morts? Ah! elle étoit trop forte pour vous, l'âme

» de cet adolescent, livrée à la prière; elle se sentoit trop, pour se laisser enlever
» sa couronne par les ennemis de l'immortalité! Avec une espérance ravissante
» elle remit la poudre à la poudre, persuadée qu'elle n'étoit pas poudre elle-
» même; qu'elle étoit plus que le ciel et la terre. Contemplez à présent les
» regards et le triomphe des immortels. Vous les vîtes auparavant obscurcir, ces
» regards, avec les yeux qui s'obscurcissoient, avec l'haleine ratelante. Observez-
» les aujourd'hui, et dites si leur triomphe ne vous est pas une mort éternelle »?

Un sage, qui avoit douté de la vérité, mais qui cependant l'avoit recherchée
avec ardeur, et s'étoit réjoui en la trouvant, leur dit alors : « Est-ce bien ainsi
» que vous avez tâché de vous instruire? Est-ce dans un tel sentier que vous avez
» marché, quand, orgueilleusement, vous prétendîtes découvrir la vérité indé-
» pendante, cette fille de Dieu? Ne prononcez plus son nom, son nom immortel,
» vous en êtes indignes! de peur qu'elle n'excite tout d'un coup la colère céleste,
» et qu'un regard de la Toute-Puissance ne vous annihilisse. Des héros ont égorgé
» le genre humain, et des prêtres ont égorgé des Chrétiens en face de l'autel;
» mais sur cet autel et sur ce champ de bataille, ce n'étoit au moins que du sang
» qui découloit de la blessure. Mais vous, vous avez détruit et avez fait secrètement
» périr des âmes immortelles. Cette mort, qui fait descendre les hommes dans
» le tombeau, pour les faire revivre un jour, ne découla pas alors des blessures,
» mais une mort éternelle. Les coupes remplies de votre poison, les coupes cou-
» ronnées de volupté, vous les avez portées écumantes dans le monde avec un
» rire insultant; surtout les avez-vous portées dans les palais, de sorte que le
» tyran aux vêtements d'or, qu'avoit renversé la boisson magique, en oublia
» avec moins de peine la mort et le sentiment d'humanité; qu'il oublia même
» au-delà des tombeaux ce jugement qui fait résister à présent la face du Juge,
» munie d'un millier d'yeux, à toutes les larmes, et qui, en faisant remonter
» vers le ciel les nuages suspendus, a dévoilé Jésus-Christ »?

Saint-Paul ensuite fait à son tour des reproches à cette classe de pécheurs;
mais le Juge prononce enfin.

« Après les heures destinées pour la terre, le soir amène celle du jugement.
» Vous la traitâtes d'imagination; mais elle est cependant venue. Tel le vermis-
» seau, occupant depuis hier un brin de sable, s'imaginoit que les cieux en haut
» ne rassemblent pas le tonnerre : tels vous vous courbâtes et vous rétrécîtes dans
» votre néant. L'heure est venue, et a pesé tous les ennemis de la piété sévère;
» mais elle les a trouvés trop légers dans la balance. Vous, qui prîtes la vie pal-
» pitante pour l'âme, et l'âme pour héritière du tombeau, ah! pécheurs, elle
» n'est pas morte, et il est éternel, celui qui expira à la croix d'une mort trop
» sanglante à votre gré. Il le fut déjà, avant que vous vous élevâtes; vous, formés
» dans un dessein bien différent! pour insulter le mort, qui réconcilia le monde
» avec Dieu. Dieu Jéhovah, rempli de grâce et lent à la colère, qui eus encore

» compassion de l'homme dans les angoisses de la mort, et qui sentis sa foiblesse,
» efface, ô mon Père! efface de ton livre les noms des blasphémateurs! Ils ne
» sont plus mes frères; ils ont profané le Médiateur de ton alliance de propi-
» tiation, son sang, son agonie, ses yeux roides et défaillants à la croix, sa résur-
» rection, son ascension, chaque sentiment de béatitude, et chaque larme du
» Fils! Retirez-vous! oui, à cause de mes souffrances, de ma charité pour les
» hommes, de ma mort terrible, de ma résurrection du tombeau, de mon élé-
» vation au trône et de ma gloire : retirez-vous de ma face, et soyez ce que vous-
» même avez voulu devenir!

» C'est ainsi que Jésus prononça leur sentence de mort; elle pénétra dans la
» profondeur de leurs âmes, et arma contre eux leur conscience comme avec
» des flammes. Ils éprouvèrent de lever leurs yeux sur lui, mais ils ne le purent,
» et tombèrent à la renverse; car il ne ruisseloit plus de sang de ses plaies, le
» trône tonnant n'étoit plus la montagne de Golgotha, et la voix du trône avoit
» cessé d'être le cri de grâce ».

———

XIX.

ABBADONA REÇOIT SA GRACE.

Cᴇᴛ événement fait encore partie de la vision d'Adam, qu'on voit toujours livré à son sommeil au bas de la Gravure.

« Abbadona, voyant s'approcher de lui un de ces anges de la mort qui con-
» duisent les condamnés vers la demeure d'une nuit éternelle, tourne ses som-
» bres regards vers le Juge, et s'écrie de toute la profondeur de son âme, en
» adorant (le genre humain entier, et le Juge lui-même sur son trône, fixèrent
» dans ces instants les yeux sur lui): Puisque tout est accompli à présent, et que
» le dernier des jours va être suivi de cette nuit de l'éternité, permets, ô toi qui
» es assis sur le trône! que je ne te contemple encore qu'une seule fois avec ces
» larmes que mon œil éteint a répandues depuis la formation de la terre.
» Regarde du haut du trône sur lequel tu te reposes! regarde, car tu as souffert
» toi-même, dans l'abîme de misère où nous nous trouvons placés, condamnés
» que nous sommes, sur la plus abandonnée de toutes les créatures. Je ne te
» demande point ma grâce! mais, ô Homme-Dieu, rempli de miséricorde, qu'il
» me soit permis de te supplier que tu m'accordes la mort! Voici, j'embrasse ce
» rocher; c'est à lui que je me tiendrai. Quand les anges de la mort conduiront
» les condamnés loin de Dieu, mille tonnerres l'environneront; prends-en un
» des mille, arme-le de ta toute-puissance, ô Fils de Dieu! et ôte-moi la vie, par
» cet amour, par cette miséricorde avec laquelle tu distribues à présent tes
» grâces! Ah! moi aussi ne fus-je pas créé avec les justes? Permets que je meure!
» détruis de ta création la vue de mes souffrances, et qu'Abbadona soit oublié à
» jamais! Que mon existence soit terminée, et que la place occupée par le plus
» misérable des mortels se trouve vuide! — Mais tes tonnerres tardent, et tu ne
» m'écoutes pas! S'il faut que je vive, au moins que je vive loin des réprouvés;
» que je reste solitaire dans cet endroit-ci, qui a été destiné pour le jugement,
» afin qu'au sein de mes maux j'aie la consolation de pouvoir regarder autour de
» moi dans mes profondes méditations, et de me dire : C'est là que le Fils s'assit
» sur le trône avec des plaies resplendissantes! c'est là que les saints s'élevèrent
» au ciel sur des nuages brillants! c'est ici que je reçus ma sentence!

» Abbadona, après l'avoir prié, tomba sans sentiment au pied du rocher. Les
» anges de la mort s'arrêtèrent dans leur vol précipité, et tournèrent leur face
» vers le Juge : le genre humain se tut solemnellement. Les tonnerres, qui
» retentissoient sans cesse autour du trône du Juge, ne roulèrent point; et
» Abbadona, à son réveil, sentit de nouveau l'éternité. Alors la voix de Dieu se
» fit entendre à travers les cieux en attente :

Abbadona entrangt genade.

Klopstocks Mesſias XIX. Z.

» Abbadona, je te créai ! je connois toutes mes créatures ; je vois le vermisseau
» avant qu'il rampe, et le séraphin avant qu'il se sente ; je connois toutes les
» pensées dans toutes les profondeurs du cœur ; mais tu m'as abandonné, et c'est
» aussi contre toi que témoignent ces condamnés : tu as concouru à les séduire,
» et ils sont immortels !

» Abbadona se releva, et en tordant ses mains vers le ciel, il répondit : Si tu
» me connois, si tu as daigné jeter un regard sur le plus misérable des anges ; si
» ton œil divin a exploré les éternités de mes souffrances, ah ! accorde-moi donc
» la grâce de me faire saisir par ton tonnerre, et que ton bras aie pitié de moi,
» pour me faire périr ici devant ta face » ! Il assure ensuite ne rien désirer que
cette mort, aussi souvent qu'il se rappelle avoir été créé par le Fils de Dieu,
et n'avoir pas été trouvé digne de l'être ; et il veut que sa dernière pensée,
avant l'adieu prochain de tout ce que l'Éternel créa, soit celle de son origine.
« Quand les anges naissants furent saisis tout à coup d'un sentiment unique et
» sublime, le sentiment de leur Créateur ; quand le solitaire se découvrit à mille
» milliers d'êtres, comme il exista pendant l'éternité ; quand la plus grande des
» pensées ne fut plus pensée par Dieu seul : c'est alors que me forma mon Juge.
» Ah ! je ne connus pas alors la misère ; aucune douleur ne profana l'élévation
» de cet esprit. De tous ceux que je me choisis pour aimer, je trouvai Dieu le
» plus digne d'amour. Un bonheur éternel me couvrit de ses ailes salutaires.
» Partout où je portois mes regards, des béatitudes m'environnèrent. Dans mon
» ravissement je jetai des cris de joie de ce que je vivois, de ce que j'existois
» pour être aimé du meilleur des êtres. Je mesurai, d'après l'éternité, la durée
» de ma vie, et je comptois les jours fortunés d'après le nombre des miséricordes
» de Dieu. Mais à présent il faut que je périsse ! que je cesse d'exister ! que jamais
» je ne contemple plus Dieu avec une profonde admiration » ! Il répète alors,
pour la dernière fois, sa prière ; et, prosterné sur le visage devant son Juge, il
attend la mort. De nouveau la création entière est en suspens, jusqu'à ce
qu'enfin une voix qui retentit du siége du Très-Haut se fait entendre : « Approche,
» Abbadona, approche de celui qui a miséricorde de toi !

» Des pensées d'une piété céleste ne s'élèvent pas plus rapidement vers le
» trône, que les ailes d'Abbadona ne l'y portèrent. Aussitôt la beauté de sa sainte
» jeunesse se réveille dans l'œil adorant qui contemple Dieu, et le repos des
» immortels retourne dans les traits du séraphin. Nul ne ressuscita ainsi au jour
» des résurrections, nul ne ressuscita ainsi sur la poussière, comme on vit
» Abbadona marcher dans tout son éclat. Alors Abdiel (c'est l'ange qui jadis
» l'avoit tant aimé, et avoit fait d'inutiles efforts pour prévenir sa chute), alors
» Abdiel ne soutint plus la vue de celui qui s'avançoit ; il perce à travers l'armée
» des justes ; il vole par les cieux, les bras étendus, et pousse des hauts cris
» d'allégresse. Sa joue est ardente, et la couronne résonne autour de son front ;

» il descend en tressaillant sur Abbadona, et l'embrasse. Le séraphin, quoique
» rempli d'amour, s'arrache de ses bras pour se jeter sur la face au pied de son
» Juge. Alors s'éleva par tous les cieux la voix des sanglots, et la voix d'une plus
» calme joie. Les douces harpes des vingt-quatre anciens envoyèrent, du haut
» des trônes qu'ils occupoient, des sons d'allégresse vers le trône du Fils, et
» chantèrent le mort retourné à la vie ». Enfin, Abbadona, en se relevant, exprime
le ravissement qu'il éprouve de sa béatitude, et rend grâces à celui qui, « dans
» la soirée du jugement du monde, a créé de nouveau ; l'a créé de nouveau, lui
» qui étoit un des morts éternels » !

De Hemelvaart van den Messias.

Klopstocks Messias XX.Z.

XX.

L'ASCENSION DU MESSIE.

Ici encore on a eu des motifs pour substituer un autre dessin à celui de M. Füger, dans lequel Jésus-Christ est assis à la droite de son Père. Son ascension, représentée d'une manière peu commune, est d'ailleurs plus analogue au Chant dans son ensemble, qui célèbre le triomphe du Messie, et contient les hymnes entonnés par des chœurs d'anges, d'archanges, et par toutes les classes d'esprits célestes qui accompagnèrent ou suivirent sa marche. Voici les lignes par lesquelles se termine ce récit, et avec lui tout le poëme :

« Et déjà le triomphe s'étoit approché si près du ciel, que chacun vit le trône
» du Seigneur resplendissant dans tout son éclat. Quand les anges qui s'en trou-
» voient le moins éloignés, observèrent le sublime triomphe, ils commencèrent
» par s'étonner : mais bientôt des cris de joie s'élevèrent, pleins d'une ravissante
» frayeur. Aucun des habitants du ciel, aucun même des premiers d'entre les
» trônes, ne connut l'heure dans laquelle le Christ, le Vainqueur, devoit y entrer;
» ils n'avoient entendu que de loin des acclamations avec le bruit des sphères.
» De montagne en montagne le chérubin cria au chérubin : Le Messie! De forêt
» en forêt les âmes et les chérubins crièrent les uns aux autres : Le Messie! De
» rayons en rayons, jusqu'aux autels des sacrifices dans la partie la plus élevée
» du ciel, jusqu'aux plus hauts nuages du sanctuaire, retentit ce même cri : Le
» Messie! Oui, jusque sur le trône, ce même cri : Le Messie! On n'entendit
» plus nulle part le bruit des forêts ni des fleuves, et la voix unanime des accla-
» mations éteignit celle des flots de la mer de cristal. Mais quand Jésus, le grand
» Rédempteur, qui avoit accompli toutes choses, entra enfin lui-même dans son
» ciel, avec un des derniers éclats du soleil, alors les couronnes tombèrent de
» la tête des anges; tous les esprits célestes jetèrent, avec une douce joie, des
» branches de palmiers sur le magnifique chemin qui mène vers le trône. Ceux
» qui avoient accompagné le triomphe, les ressuscités, les séraphins, en jetèrent
» aussi, et marchoient avec allégresse et humilité. Les âmes cependant sur
» lesquelles ce nouveau sentiment du ciel tomboit comme un poids, seroient
» restées en arrière sous un amas d'arbres sur la route, si Gabriel, avec sa trom-
» pette d'or, ne les eût appelées, et ne leur eût ordonné de suivre.

» Jésus s'approche du trône, et le silence devient plus solemnel. Déjà la trom-
» pette n'appelle plus les âmes; les pères de l'ancienne alliance s'arrêtent. Les
» anges marchoient encore, mais bientôt ils s'arrêtent à leur tour, et se jettent
» par terre pour adorer. Gabriel seul, et aucun être créé avec lui, avoit atteint
» avec le Messie le plus bas degré du trône de Dieu. Ici il tombe sur les genoux,

» apperceptible à peine par l'éclat qui descend d'en-haut, et il fixe les regards
» sur Jéhovah.

» Contemple! cet être infini et sublime, celui que tous reconnoîtront encore,
» et à qui tous rendront encore des grâces, pour qui tous répandront encore
» des larmes de joie : le Jéhovah, le Père de notre Médiateur, la source de
» miséricorde, s'étoit glorifié dans tout son amour divin! Contemple! ce Fils du
» Père, le Fondateur de son alliance, celui qui a été immolé dès la fondation
» du monde, celui que tous connoîtront encore, à qui tous rendront encore
» des grâces, pour qui tous répandront encore des larmes de joie : l'Holocauste
» pour les péchés du monde, lui, le mis à mort et le Ressuscité ; Jésus, le Sauveur,
» la source de miséricorde, s'étoit glorifié dans tout son amour divin! C'est
» ainsi que le ciel, élevé au-dessus de tous les cieux, vit le Père ; c'est ainsi qu'il
» vit le Fils. Jésus-Christ cependant monte sur la hauteur du trône, et s'assied
» à la droite de son Père ».

F I N.

www.ingramcontent.com/pod-product-compliance
Lightning Source LLC
Chambersburg PA
CBHW071346030726